팔만대장경

5

누구나 다 알지만
잘 안읽은 이야기

5

누구나 다 알지만
잘 안읽은 이야기

팔만대장경

말씀한 이: 부처님
엮은이: 신현득
그림그린이: 송교성

솔바람

차례

3 부러워하는 것만으로는 안돼

책머리에

팔만대장경은 이야기의 산이지요

국보 32호 팔만대장경은, 나라의 보물입니다. 유네스코에서 세계 기록유산으로 지정한 세계의 보물이기도 합니다.

해인사 대장경은 고려 고종 임금 때 몽고가 침입하자, 부처님 힘을 빌어 나라를 지키기 위해서 1237년부터 16년 동안에 이룩한 것입니다. 호국정신에서 이룬 국가사업이었습니다.

그것은 우리 조상님들이 부처님 말씀 모두를 한 자씩 나무에 새겨서 만든, 8만 1천 258매의 경판입니다.

우리 조상님들은 이 한 자, 한 자를 새기면서 외적이 물러나서 나라에 평화가 오기를, 국민 모두 잘 살게 되기를, 후손이 잘되기를 빌었다 합니다. 팔만대장경은 우리 조상님들이 쌓은 정성더미입니다.

여기에 새겨진 부처님의 가르침은 아주 알기 쉬운 것입니다. 지키기도 쉬운 것이지요. 그 말씀을 다음 몇 마디로 간추릴 수 있습니다.

> ―착한 일을 하라. 착한 일을 하면 복이 온다. 나쁜 일을 하지 말라. 나쁜 일을 하면 화를 만난다.

이 가르침은, 착한 일을 한 만큼 복이 오니 착한 일을 많이 하라는 가르침입니다. 이것은 하나의 과학이지요. 나쁜 일을 한 사람에게 복이 오는 일은 절대 없으니까요. 부처님의 말씀 전체가 '복 짓는 방법 배우기'입니다.

인류의 스승이신 부처님은, 지구촌 모두가 그 가르침을 실천해서 복받기를 바라셨습니다. 그래서 더 쉽게 부처님 공부를 할 수 있도록, 재미있는 이야기를 곁들이셨어요. 이것이 '불교 설화', '불교 동화'입니다.

부처님이 들려주신 이야기는 많고 많아서 몇 편이 되는지는 아직까지 밝혀내지 못하고 있습니다. 간단히 '이야기의 산'이라 하면 될 것입니다. 팔만대장경은 복 짓는 이야기의 산입니다.

그래서 지구촌 사람들은 부처님을 세계 최초의 이야기 할아버지로 부르게 되었고, 부처님 말씀인 팔만대장경이 세계 아동문학의 보배 창고인 걸 알게 되었습니다.

부처님은 "나는 수많은 전세상에서 복을 지어 부처가 되었다." 하고, 전생 이야기를 많이 하셨는데 이를 '본생담'이라 합니다.

부처님은 전생에, 착한 코끼리의 왕, 착한 원숭이의 왕, 착한 사슴의 왕, 착한 토끼의 왕, 착한 공작새의 왕, 착한 물고기의 왕으로 있으면서 착한 일로 공덕을 쌓아 부처님이 되셨습니다.

본생담 547개 이야기를 하나로 엮은 '본생경'이 이루어진 것은, 기원전 4세기였습니다. '세계 아동문학사'에서 본생경을 세계 최초의 동화집으로 기록하고 있습니다. 이 이야기를 모두 부처님이 하셨으니 부처님은 세계 최초의 동화작가셨습니다.

부처님이 들려주신 이야기 산의 일부인 본생경을 '자타카'라고도 하는데, 자타카가 유럽에 전해져서 이솝이야기의 일부가 되었다는 것은 퍽이나 흥미 있는 사실입니다. 몇 가지 이야기만 찾아볼까요?

대머리에 붙은 파리를 잡기 위해 몽둥이로 사람을 다치게 한 본생경 44번째 「모기의 전생이야기」가 이솝이야기의 「대머리 남자와 파리」가 되었습니다.

본생경 189번째 「사자 가죽을 쓴 나귀」가 같은 제목의 이솝이야기 「사자 가죽을 쓴 나귀」가 되었지요. 사람들이 사자 가죽을 쓴 나귀를 사자로 알고 있었는데, 그 나귀가 나귀 울음소리를 냈다가 본색이 드러난 이야기입니다.

암코양이가 나뭇가지에 앉은 닭을 속여서 잡아먹으려다 실패하는, 본생경 383번째 「닭의 전생이야기」는 이솝이야기 「여우와 닭」이 되었답니다.

이처럼 팔만대장경은 이야기의 산이요, 인류의 보물입니다.

이 책 『누구나 다 알지만 잘 안읽은 이야기 팔만대장경』 4권까지는 엮은이가 2011년 1월부터 2012년 12월까지 법보신문에 연재한 『신현득 할아버지의, 부처님이 들려주신 이야기란다』에서 주로 뽑은 것입니다. 이제 5권부터는 부처님의 '자타카'를 다시 읽고 조금씩 다시 쓴 이야기도 있습니다.

독자들은 우리 조상들이 호국정신에서 이룩한 이 팔만대장경에서 부처님이 들려주신 복 짓는 여러 지혜를 배우게 될 것입니다.

어른들은 어린이에게, 어린이들은 어른에게 서로 읽어주며 이야기 나누는 책이 되길 바랍니다.

1

섭섭했던 기억은 오래 남아

깔개가 낡으면 걸레로 쓴다

코살라국의 왕이 스님들에게 법복 500벌을 만들어 드렸습니다.

왕은 아란 존자에게 물었습니다.

"존자님, 스님들은 이 법복이 낡으면 버리십니까?"

아란이 말했습니다.

"버리다니요. 낡은 옷은 기워서 누더기를 만들지요. 누더기를 법복의 겉옷으로 입습니다. 그것을 똥걸레라는 뜻이 담긴 분소의라 하지요."

"그 누더기가 낡았을 때는 버리시겠군요."

"버리다니요. 그것을 더 기워서 법복 속에 입지요."

"그 속옷이 낡으면 그때는 버리시겠군요."

"버리다니요. 그것을 더 기워서 요를 만들지요."

"요가 낡으면 그때는 버리시겠군요."

"버리지 않아요. 그것을 더 기워서 깔개를 하지요."

"깔개가 낡았을 때는 버리시겠군요."

"버리지 않아요. 그것을 끊어서 발닦는 걸레로 쓰지요."

"그 걸레가 낡았을 때는 버릴 수밖에 없겠군요."

"낡은 발걸레도 버리지 않아요. 걸레를 썰어서 진흙에 섞지요. 그것으로 벽을 바르면 아주 튼튼한 흙벽이 되지요. 시즈를 함부로 버리지 않습니다."

이 이야기를 들은 코살라 왕이 크게 감동을 하여 갈했습니다.

"존자님, 참으로 법복을 시주할 만합니다."

(본생경 157번째 이야기)

섭섭했던 기억은 오래 남아

바라나시의 왕은 태자가 마음에 들지 않아서 나라 밖으로 쫓아내었습니다.

태자는 아내를 데리고 이웃나라 어느 마을에 가서 살았습니다.

그 뒤 태자는 부왕이 세상을 마쳤다는 말을 듣고 왕위를 물려받기 위해 바라나시로 돌아오고 있었습니다.

도중에 어떤 사람이 태자가 몹시 시장해 보이므로 아내와 같이 먹으라고 음식이 든 주머니를 주었습니다.

태자는 밥을 아내에게 나누어주지 않으려고 꾀를 내었습니다.

"여보, 여기는 도둑이 많은 곳이라오. 내가 뒤에 가며 살필 테니 먼저 가시오."

태자는 아내를 먼저 보낸 다음 혼자 밥을 먹었습니다. 그러고 아내를 따라가서 주머니를 뒤집어 보이며 말했습니다.

"어떤 사람이 밥이 든 거라며 이 주머니를 주었는데 빈 주머니네."

모든 걸 알아차린 아내는, 태자가 무정한 사람이라는 걸 알았습니다. 저러니까 부왕의 미움을 샀을 거라고 생각했습니다.

태자는 왕위에 오른 뒤에 부인을 왕비로 삼았지만 대우를 잘 하지 않았습니다. 늙은 신하 한 사람이 이 사실을 알았습니다. 그는 왕을 깨닫게 하기 위해 왕비와 같이 서 있는 왕 앞에 나아갔습니다. 먼저 왕비에게 여쭈었습니다.

"왕비님은 무정하십니다. 늙은 이사람에게 입다실 음식 부스러기를 좀 주시면 좋겠는데 본체만체하십니까!"

왕비가 대답했습니다.

"나는 대왕께 얻은 것이 아무것도 없어요. 오래 전 일입니다만, 길을 같이 가다가 얻은 음식도 혼자만 잡수시던걸요."

신하는 때를 놓치지 않고 왕에게 여쭈었습니다.

"대왕님, 그것이 사실입니까?"

왕은 어물어물 대답을 했습니다.

"생각해 보니 그랬던 것 같소. 이제부터 부인께 잘하도록 하겠어요."

왕은 왕비가 오래 전 일을 기억하고 있는 데에 놀라면서, 깊이 뉘우쳤습니다.

(본생경 223번째 이야기)

바보, 출라판타카

마하판타카와 출라판타카 형제가 출가하여 부처님 제자가 되었습니다.

형은 재주있고 슬기로웠으나 동생은 재주도 없고 어리석었습니다.

부처님은 슬기 있는 마하판타카에게 의식을 관리하게 했습니다. 출라판타카에게는 게송을 외우게 했습니다.

재주 없는 출라판타카는 넉 달이 되어도 게송 한 편을 다 외우지 못했습니다.

"저 사람은 바보다."

"어쩌면 저리도 둔할까?"

사람들이 출라판타카를 비웃었습니다.

마하판타카는 동생이 남들에게 이런 소리를 얻어듣는 것이 창피하다고 생각했습니다.

어느 날 의사인 지바카가 와서 마하판타카에게 말했습니다.

"존자여! 대중이 몇 분이십니까? 내일 저희 집에서 공양을 하시도록 준비하겠습니다."

"지바카님, 비구의 수는 오백이지만 한 사람은 안 됩니다. 너무 어리석어요. 499명의 공양만 준비하십시오."

이리하여 이튿날, 출라판타카를 빼고 모두 초대에 갈 준비를 하게 되었습니다.

바보 출라판타카는 공양 초대에서 자기 혼자 빠진 것을 알고 교단을 떠나기로 마음먹었습니다.

부처님이 이것을 알고 타일렀습니다.

"출라판타카여! 마음을 돌려라. 너는 내 앞에서 출가한 것이다. 네 마음대로 교단을 떠나는 것이 아니다."

출라판타카가 대답했습니다.

"세존이시여! 사람들이 저를 바보라고 각 놀립니다. 형님도 저를 사람 취급 안 해 줍니다."

부처님은 베조각 하나를 주며 말했습니다.

"판타카여! 이 베조각을 어루만져라 '때를 없애자, 때를 없애자' 하며 어루만져라."

출라판타카는 부처님이 시키는 대로 하며 베조각을 어루만졌습니다. 자꾸 만지자 때가 끼었습니다. 때를 없애자고 하는데 때가 끼는 것입니다. 출라판타카는 비로소 깨닫기 시작했습니다.

'아하? 이 베조각은 아주 깨끗하였는데, 나 때문에 제 성품을 잃었군.'

그 때 부처님이 일러주었습니다.

"판타카여! 베조각만 그런 것이 아니다. 사람의 마음도 욕심과 티끌이 묻어 있느니라. 그 마음의 때를 깨끗이 없애야 한다."

'과연 그렇겠구나!'

바보 출라판타카는 자꾸자꾸 깨닫게 되었습니다.

부처님과 제자들은 모두 지바카의 집에 가서 자리에 앉았습니다.

부처님이 대중을 둘러보고 마하판타카에게 일렀습니다.

"한 사람이 없구나."

"세존이시여! 대중은 빠짐없이 다 왔습니다."

마하판타카는 바보 동생이 안 온 것을 감추려고 이렇게 말했습니다.

"출라판타카가 안 보이는구나."

부처님은 출라판타카를 데려오라고 하였습니다.

We are all Cullapanthaka

그런데, 출라판타카는 그 사이에 신통력을 얻었습니다.

'형님은 정사에 한 사람 비구도 남아 있지 않다고 하였지. 어디 그런가 보자.'

출라판타카는 정사의 숲 전체를 자기 모습으로 만들어 놓고 있었습니다.

판타카를 데리러 갔던 지바카가 돌아와서 말했습니다.

"정사의 숲은 천 명의 스님으로 가득차 있었습니다. 일을 돌보는 이가 있고 독경하고 있는 스님들이 있었습니다. 서로 출라판타카 스님이라고 하여 데려올 수가 없었습니다."

부처님이 다시 일렀습니다.

"그 중 제일 먼저 출라판타카라고 한 사람을 데리고 오너라."

지바카는 다시 가서 맨 먼저 자기가 출라판타카라고 했던 사람을 데려왔습니다. 그러자 딴 스님들은 일시에 사라졌습니다.

"지바카여, 그대는 출라판타카의 바루를 받아라. 사람이란 재주가 조금 없다고 차별하는 것이 아니다. 그는 그대에게 기쁨을 줄 것이다."

부처님의 말씀을 듣고 지바카는 출라판타카의 바루데 공양을 담아 올렸습니다.

(본생경 4번째 이야기)

물고기는 물 속에 살아도

외아들을 기르는 홀어머니가 있었습니다.

아들이 자라서 물었습니다.

"아버지는 세상에 계실 때 무엇을 하셨나요?"

"하루에 세 번, 물에 들어가 목욕을 하셨단다."

"무엇을 바라고 그렇게 하셨나요?"

"갠지즈강에 때를 씻으면 신통력을 얻는다고 믿으셨지."

그러자 아들이 고개를 저었습니다.

"사람들은 날마다 소를 몰고 강을 건너 남쪽에 와서 소를 풀어놓습니다. 그들은 하루 두 번 그 물에 몸을 적시지요. 갠지즈강의 물고기는 물속에 붙박이로 살면서 목욕을 합니다. 그런데도 신통력을 얻지 못합니다. 아버지는 쓸데없는 데에 힘을 쓰셨군요."

이번에는 어머니가 고개를 끄덕이며 물었습니다.

"그럼 네 생각은 어떠냐?"

"오직 부처님 가르침의 물에 몸을 씻어야 합니다."

(잡비유경 14번째 이야기)

질문은 4가지입니다.
1.이 물건 주인 좀 찾아 주세요.
2.제자가 되면 머리 좀 바꿔 주세요.
3.갠지즈강 수질 좀 맑게 해 주세요.
4.인어는 여자도 남자도 아닌 거죠?

가르침은 듣기 나름

어떤 내외가 수행자에게 세상의 이치에 대해 물었습니다. 그러나 수행자는 아직 배운 것이 넉넉하지 않았으므로 어떻게 대답할까 망설이다가 혼잣말을 했습니다.

"그것 참 괴롭구나!"

내외는 그것이 수행자의 법문인 줄 알고 수행자에게 거듭 감사를 드렸습니다.

"존자여, 참 좋은 말씀 해 주셨습니다. 세상살이란 괴로운 일이 많지요. 참 좋은 말씀을 주셨습니다."

그러고 내외는 괴로운 세상 괴롭지 않게 사는 법을 생각하다가 그만 똑같이 도를 깨달았습니다.

(구잡비유경 9번째 이야기)

지금 이 자세만 아니면
우리는 세상살이 어떤 일도
절대 괴롭지 않습니다.

왕자의 버릇

판단자리라는 왕자가 있었는데 나쁜 버릇 한 가지가 있었습니다. 무엇을 물으면 대답을 않고 입을 삐죽거리는 버릇이었습니다.

"너는 그 버릇 때문에 화를 입을 것이다."

왕은 그를 나무랐지만 버릇은 고쳐지지 않았습니다.

왕이 죽었습니다. 그러자 백성들은 이 나라의 옛 풍습대로 왕자를 시험하게 되었습니다. 왕권을 이을만한 자격이 되는가 어떤가를 알아보는 것이었습니다. 대신 한 사람이 심판관이 되었습니다. 그는 곧 법정을 차려 놓고 왕자를 앉혔습니다. 일부러 재판을 잘못 한 다음 왕자에게 물었습니다.

"왕자님, 저희 재판이 공정했습니까?"

판단자리 왕자는 아무 대답도 않고 입만 삐죽거렸습니다. 그러자 대신과 백성들은 속으로 생각했습니다.

'왕자는 현명한 것 같다. 입을 삐죽거리는 것은 재판이 공정하지 못했다는 뜻이다.'

이번에 신하들은 공정한 판결을 해놓고 물었습니다.

"왕자님, 이번 저희 판결은 공정하게 되었습니까?"

그래도 왕자는 자기의 버릇대로 입만 삐죽거렸습니다.

믿고 있던 백성들은 이구동성으로 떠들기 시작했습니다.

"이 왕자는 옳음과 그름을 구별하지 못한다. 왕이 될 자격이 없다."

마침내 왕의 자격을 심사하던 대신을 왕으로 삼았습니다.

(본생경 247번째 이야기)

알고 보니 베루바 열매 떨어지는 소리

서쪽 바다 가까운 곳에 베루바 나무가 뒤섞인 숲이 있었습니다.

토끼 한 마리가 베루바 나무 밑에서 생각했습니다.

'만일 이 땅덩이가 무너지면 어디서 살까? 그땐 어쩌지?'

그 순간 잘 익은 베루바 열매 하나가 떨어졌습니다.

"투다닥!"

떨어지는 소리가 크게 났습니다.

'정말 땅덩이가 무너지고 있구나!'

토끼는 이 생각이 들자마자 달아나며 이웃 토끼들에게 생각을 전달했습니다.

"뭐야, 땅덩이가 무너진다고?"

그 말을 들은 만 마리의 토끼가 같이 달아나게 되었습니다. 사슴, 멧돼지, 물소, 가야바소, 외뿔소, 호랑이, 코끼리 무리도 덩달아 달아나기 시작했습니다. 달아나는 짐승의 행렬이 수십리에 뻗혔습니다. 바다쪽으로 가고 있었습니다. 슬기로운 사자가 이 광경을 보았습니다.

"땅덩이가 무너지다니? 자네들은 그것을 어디서 보았나?"

사자가 코끼리무리에게 물었습니다.

"우리는 호랑이무리가 달아나니까 따라서 달아나는 길이야."

사자는 호랑이들에게 물었습니다.

"우리는 외뿔소들이 달아나니까 따라서 달아나고 있어."

사자는 다시 외뿔소 무리에게 가서 물었습니다.

"우리는 가야바소들이 달아나니까 같이 달아나고 있어."

호랑이는 다시 물소, 소, 멧돼지, 사슴 무리에게 가서 차례로 물었습니다. 사슴들이 대답했습니다.

"우리는 토끼들이 달아나니까 덩달아 달아나고 있는 길이야."

사자는 다시 토끼 무리를 만나고, 맨 처음 달아나기 시작한 토끼를 찾았습니다.

"땅덩이가 무너지고 있는 데를 가 보자."

그런데 토끼가 있던 베루바 나무 밑에 갔더니 열매 하나가 떨어져 있을 뿐이었습니다.

"땅덩이가 무너지는 소리는 베루바 열매가 떨어지는 소리였네. 이 소리 때문에 우리 수많은 짐승이 바다에 빠져 죽을 뻔했어."

슬기로운 사자가 말했습니다.

(본생경 322번째 이야기)

칼날보다 무서운 것

소치는 사람이 숲속에서 소를 먹이다가 소 한 마리를 깜박 놓아 두고 왔습니다. 산에서 그 소는 사자와 친한 동무가 되었습니다. 어떤 사냥꾼이 이것을 보았습니다.

사냥꾼이 숲속에서 난 버섯을 바라나시왕에게 바치러 가자 왕이 물었습니다.

"그대는 숲속에서 사냥을 하다가 이상한 것을 보지 못했는가?"

"예, 어느 날 사자와 소가 다정하게 돌아다니는 것만 보았습니다."

"그 친한 두 마리 동물 사이에 다른 동물이 한 마리 더 끼면 재난이 일어날 것이다. 숲에서 다시 그들을 보거든 나에게 와서 알려라."

사냥꾼이 바라나시에 간 동안 승냥이 한 마리가 와서 두 동물을 섬기겠다고 했습니다. 사자와 소는 이를 허락했습니다.

셋이 동무가 되어 사이좋게 서로 도우며 지냈습니다. 어느 날 승냥이가 생각했습니다.

"나도 여러 고기를 먹어 보았다. 그러나 사자나 소 고기는 먹어 보지 못했다. 저 두 동물을 이간질한다면 서로 싸우다가 죽을 것이다. 그러면 그 고기를 맛 봐야지."

승냥이는 사자에게 가서 말했습니다.

"저 소는 날마다 당신을 흉봅니다."

사자는 속으로 생각했습니다.

'그래? 괘씸한 것. 그냥 둘 수 없구나.'

다시 승냥이는 소에게 말했습니다.

"저 사자는 간사하게 날마다 당신의 흉을 보고 있어요."

소도 속으로 생각했습니다.

'요것 봐라. 가만 안 둬야지.'

친했던 두 동물은 서로 싸우게 되었습니다. 사자는 소를 물고 소는 뿔로 사자를 받았습니다.

왕을 만나고 온 사냥꾼이 숲에서 세 동굴이 어울려 다닌다고 왕에게 알리러 간 사이에 일어난 일이었습니다.

"승냥이가 나타났다면 지금쯤 두 짐승은 죽어 있을 것이다. 가 봅시다."

보고를 받은 왕은 그렇게 말하고 급히 숲으로 수레를 몰았습니다.

사자와 소는 죽어 있었고 승냥이가 그들의 살코기를 뜯어먹고 있었습니다. 왕이 말했습니다.

"보아라. 이 두 동물은 먹이를 두고 다툰 것이 아니다. 이간하는 말은 칼날보다 무섭다."

(본생경 349번째 이야기)

뿌리를 뽑아보고 물을 준다

큰 축제가 있는 날, 어떤 동산지기가 동산에 사는 원숭이에게 부탁을 했습니다.

"나는 이렛동안 축제를 즐기고 오려 한다. 여기 심어 둔 모과나무에 물을 좀 주어라. 이 동산은 너희에게도 은혜를 베푸는 곳이다."

동산지기는 원숭이들에게 가죽 물통을 주고 떠났습니다.

원숭이들은 곧 물을 길어와서 모과나무에 물을 부어 주었습니다. 그 때 원숭이 우두머리가 말했습니다.

"조금 기다려라. 물을 나무의 뿌리에 알맞게 주어야 하는 거야. 내가 모과나무를 뽑아 뿌리의 길이를 보고 물을 얼마나 주어야 할까를 지시할 테니 그대로 하여라!"

원숭이들은 우두머리가 시키는 대로 일을 했습니다.

바라나시에 사는 어떤 젊은이가 지나다가, 원숭이들이 묘목을 뽑아서 길이를 재어 보고 난 다음 다시 심는 것을 보았습니다.

"어리석은 원숭이들아! 그렇게 하면 모과나무가 모조리 죽게 된다!" 젊은이는 원숭이들을 나무랐습니다.

"하지만 뿌리를 보지 않고서야 어떻게 물을 맞추어 줄 수 있나요? 원숭이들은 젊은이의 말을 듣지 않았습니다.

(본생경 46번째 이야기)

늙어서 후회한들

부처님이 아란 존자를 데리고 길을 가다가 늙은 거지를 지나쳤습니다.

"가엾다. 가엾다."

부처님은 거지를 뒤돌아보며 말했습니다.

아란 존자가 부처님께 여쭈었습니다

"세존이시여. 왜 그러시지요?"

"저 거지는 재산이 많았었다. 일찍부터 놀이와 투전에 돈을 헛되이 쓰고 지금은 거지가 되었구나."

부처님은 말씀을 이었습니다.

“저 사람이 어렸을 때부터 알뜰히 살았더라면 이 사위성에서 제일가는 부자가 되었을 거다. 젊은 시절부터 그랬더라도 사위성에서 둘째가는 부자가 되었을 테고, 중년부터 그랬더라도 세 번째 부자는 되었을 게다.”

“그래요? 그런 사람이 나쁜 일로만 세월을 보냈나요?”

아란 존자가 놀라며 다시 여쭈었습니다.

“그렇다. 그 많은 부모 유산을 쓸 데에 쓰지 않았다. 젊었을 때부터 도를 닦았다해도 아라한이 됐을 사람인데 말이다. 좋은 것은 다 버리고 즐기는 일에만 눈이 어두워 지금은 돈 한푼없이 굶주림에 떨고, 병들어 있구나. 이제 와서 한탄한들 어쩌겠나!”

(출요경 수품)

2

걱정도 많소

살을 떼었다가 도로 붙여

"대왕님을 못마땅하게 여기는 신하가 있습니다. 벌을 주십시오. 대왕님을 아주 나쁜 임금이라고 욕을 했습니다."

"그래? 그자를 잡아들여라!"

왕이 아첨하는 신하의 말을 듣고 마음 착한 신하 한 사람을 오랏줄로 묶어오게 했습니다. 어리석은 왕이어서 자세히 조사할 줄은 몰랐습니다.

"이놈은 나를 욕한 자다. 등허리에서 살을 석 냥쭝만 떼내어라."

형리들이 달려들어 신하의 살을 도려내었습니다. 신하는 아픔을 참느라 신음소리를 내었습니다. 그런데, 며칠 후 다시 조사해 보니 왕을 욕한 사람은 다른 사람이었습니다. 왕은 억울하게 벌을 받은 신하에게 미안하다는 생각을 했습니다.

"그 신하는 억울하다. 내가 잘못한 것 같다. 떼어낸 살점을 돌려줘야지."

왕은 신음하는 신하를 찾아가서 떼어낸 살을 도로 붙여 주었습니다. 그러고 말했습니다.

"떼어냈던 것을 도로 붙였으니 고통은 싹 가셔질 걸세. 여기 살 점 석 냥쭝을 더 주겠네. 석 냥쭝을 가져갔다가 여섯 냥쭝을 갚는 거야. 이만하면 억울하지는 않을 테지?"

(백유경 20번째 이야기)

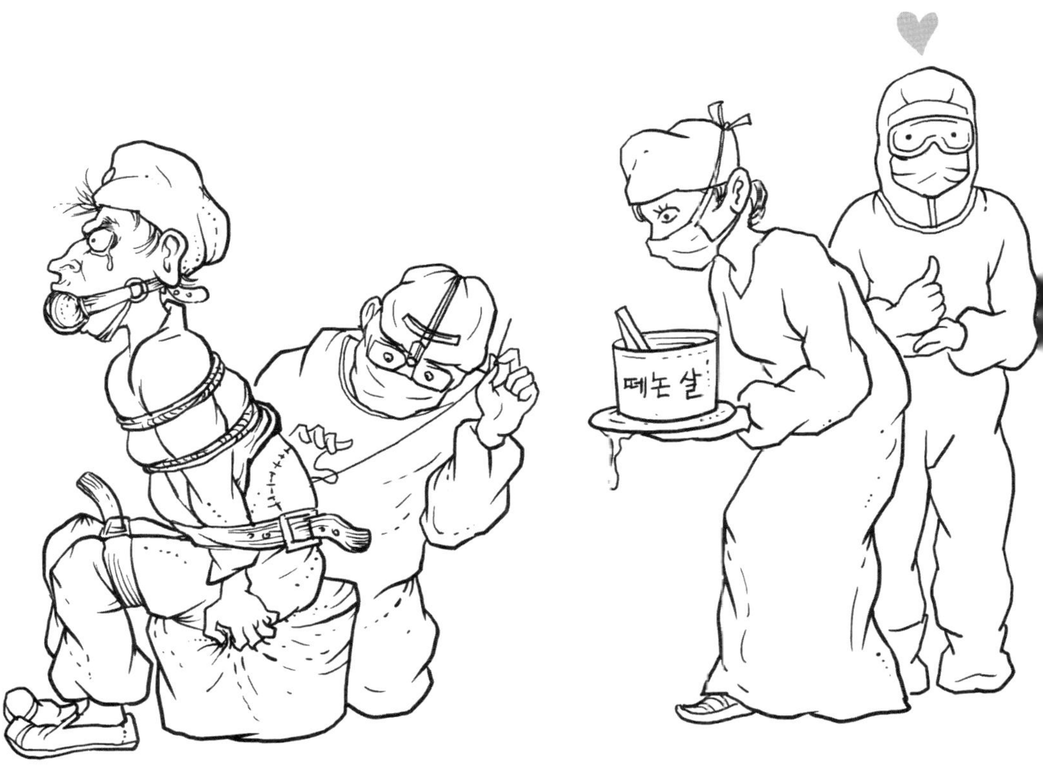

숫돌을 옮길 일이지

아둔한 신하 한 사람이 있었는데 임금에게는 충성스런 사람이었습니다. 임금은 그를 가엾게 여겼습니다.

"저 사람은 충직하다. 그러나 요령이 적어."

어느 날, 왕궁에서 기르던 낙타가 죽었습니다. 임금은 아둔한 신하를 불러 죽은 낙타를 갖고 가라며 말했습니다.

"가죽을 벗겨 써라."

신하는 집으로 가져온 낙타를 마당에 내려 놓고 가죽을 벗기기 시작했습니다. 조금 일하자 칼날이 무디어졌습니다.

숫돌이 있는 다락에 올라가서 칼을 갈았습니다. 조금 일을 하다 보니 또 칼날이 무디어졌습니다. 다시 다락에 올라가서 칼을 갈았습니다. 여러 번 다락을 오르내리던 신하는 생각했습니다.

"이럴 것이 아니다. 아주 숫돌이 있는 다락에 낙타를 끌어다 놓고 일하자. 진작 이런 궁리를 낼걸 그랬지. 내가 바보였어."

이때, 임금은 생각했습니다.

"그 요령 없는 신하가 낙타 가죽을 벗길 줄이나 알까? 내가 가 봐야겠어."

임금은 수레를 몰아 신하의 집에 가보았습니다.

그때 신하는 죽은 낙타를 높은 다락에 끌어올리느라 낑낑거리고 있었습니다.

"그 무거운 걸 어디로 끌어올리려고 그러나?"

임금이 신하를 보고 물었습니다.

"대왕님, 낙타 가죽 벗기기가 쉽지 않아요. 숫돌이 다락에 있거든요.

칼을 갈 때마다 오르내려야 합니다. 아주 숫돌 있는데 갖다 놓고 일해야겠어요."

임금은 답답하다는 듯이 손을 저었습니다.

"이 사람아, 그럴 때는 숫돌을 이리로 옮기면 되지 않나?"

(백유경 18번째 이야기)

걱정도 많소

길을 가던 나그네가 물을 찾고 있었습니다.

"목 말라요. 물 물 물 물…… 물이 어디 있지요?"

마침 같은 길을 가던 나그네가 말했습니다.

"몹시 목이 마르신 모양이구료. 조금만 참으시오. 가까이에 신두강이 흐르고 있지요."

"그래요? 어서 갑시다. 지금 목이 타서 죽을 지경이어요."

"아, 거기 물아지랭이가 끼어 있지 않아요? 저깁니다. 같이 갑시다. 나도 목을 좀 축였으면 해요."

두 사람은 강가로 왔습니다.

그런데 목이 말라 못 견디겠다던 그 나그네는 물 마실 생각도 않고 강물만 정신없이 바라보고 있었습니다.

"아니, 목이 그렇게 탄다더니 왜 이러고 있소?"

같이 온 나그네가 물었습니다. 그러자 목 마르다던 나그네는 이렇게 말했습니다.

"강물이 너무 많아요. 이 많은 물을 어떻게 다 마시죠? 엄두가 나지 않네요."

같이 온 나그네가 큰 소리로 말하며 헛웃음을 웃었습니다.

"걱정도 많소. 당신의 양에 찰 만큼만 마시면 될 거 아니오. 허허허."

(백유경 5번째 이야기)

소금도 지나치면

어리석은 사람이 이웃집에 초대되었습니다. 주인이 음식을 차려왔습니다.

“맛있게 많이 드세요.”

“예, 잘 먹겠습니다.”

어리석은 사람은 여러 손님들과 같이 앉아 음식을 먹겠습니다. 그런데 음식의 간이 맞지 않다고 투덜거렸습니다.

"이거 국이 싱거워요. 맛이 없어요."

"그래요? 요리사가 소금을 덜 넣은 모양이군요. 죄송합니다."

주인이 소금 그릇을 가지고 왔습니다. 소금을 조금 넣었더니 금방 국맛이 달라졌습니다.

"야, 맛있다!"

어리석은 사람은 떠들면서 음식을 먹었습니다.

그는 생각했습니다.

'소금이란 좋은 것이다. 조금만 가지고도 맛을 낼 수 있네. 많이 먹으면 더욱 맛날 테지.'

그는 아예 소금만 먹기로 했습니다. 그러자 며칠 못 가서 입맛이 뒤틀리며 구역질이 났습니다.

"이거 왜 이럴까? 맛있는 소금을 먹었는데……"

그는 병이 나서 앓아 눕게 되었습니다.

(백유경 첫 번째 이야기)

발가숭이 양반

가난한 양반이 여러 날 품을 팔아, 올이 굵은 베옷 한 벌을 사서 입었습니다. 장난 좋아하는 한 사람이 양반을 보고 말했습니다.

"그런 굵은 베옷은 상놈인 전타라족이나 입는 옷인걸요. 제가 좋은 옷 한 벌 구해 드릴까요?"

"그거 고맙네. 그러지 않아도 지체있는 내가 입기에 이 옷은 창피해."

좋은 옷을 구해 준다는 말만 믿고 양반은 베옷을 벗어 불에 던져버렸습니다.

"아니, 그 말은 장난이었는데요."

"장난이었다구. 이걸 어쩌나?"

오도가도 못하게 된 양반은 발가벗은 채 길가에 서 있었습니다.

"원 성미도 급하지. 준다는 옷을 받아 입은 다음, 버릴 것을 버릴 일이지."

지나가는 사람들이 발가숭이 양반을 비웃었습니다.

(백유경 29번째 이야기)

전타라

인도에서 제일 천한 계급

이웃사촌
육촌형
사돈의팔촌

약에 쓰인 말똥

어떤 사람이 나라에 큰 죄를 지었습니다. 죄인은 임금님 앞에 끌려가 여러 대의 곤장을 맞았습니다. 집으로 돌아온 죄인은 말똥을 상처에 발라 매맞은 데를 치료했습니다.

어리석고 극성스러운 사람이 지나다가 이것을 보았습니다.

"무엇을 하시오?"

"상처를 치료하고 있어요."

"약으로 쓰시는 건 무엇이오?"

"말똥이랍니다."

"아, 그렇군요. 말똥이 약으로 쓰이는 줄은 여태 몰랐어."

어리석은 사람은 집으로 돌아가며 생각했습니다.

"좋은 비방을 배웠다. 말똥이 약이 될 줄은 미처 몰랐지. 누구든지 상처가 난 사람이 있으면 당장 달려가 치료해 보았으면 좋겠어."

그런데 만나는 사람마다 물어 보았지만 매를 맞아 상처가 난 사람은 없었습니다.

"할 수 없군. 내가 실험을 해봐야지."

집에 돌아간 어리석은 사람은 가족에게 말했습니다.

"상처를 치료하는 좋은 비방을 알아 왔다. 내 등을 매우 때려 다오."

어리석은 사람은 가까운 사람을 시켜 강제로 매를 때리게 했습니다. 그러고 말똥을 상처에 붙여 놓고 다 낫도록 기다렸습니다.

상처가 다 아문 다음에 어리석은 사람은 말했습니다.

"과연 매맞은 상처에는 말똥이 제일이야."

(백유경 27번째 이야기)

보배로 숯을 구우면

"야, 이건 정말 보배로군!"

한 젊은 사람이 바다에서 크나큰 화석을 건져냈습니다. 몇 만 년 바닷물에 잠겨 있던 전단향나무의 화석이었습니다. 둘레가 세 발, 길이가 열 발이 넘었습니다.

"횡재를 만났군."

"이건 최고급 공예품의 재료가 되네. 상아보다 더 값진 보배야."

"이것을 다 팔면 나라의 임금님만큼이나 부자가 되겠는데."

사람들이 화석을 둘러싸고 이야기하고 있었습니다.

"자, 보물을 사세요! 보물이요!"

젊은이는 지나가는 사람들을 보고 외쳤습니다.

많은 사람들이 몰려 왔습니다. 그러나 화석을 사려는 사람은 없고 구경하는 사람들뿐이었습니다. 값이 너무 비싸서 살 엄두를 내지 못하는 것이었습니다.

그 때, 숯장수 한 사람이 나타나 가게를 폈습니다.

"자, 숯을 사세요. 헐한 숯이오."

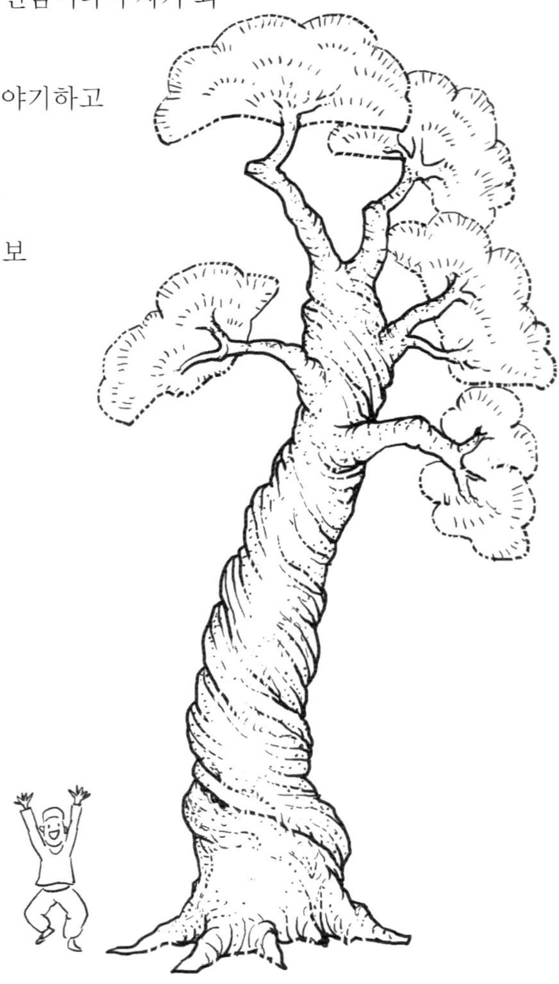

숯장수가 숯을 사라며 외쳤습니다. 사람들이 숯장수 쪽으로 몰려왔습니다.

"숯이 헐하군."

"좋은 숯인데."

몰려온 사람들은 한마디씩 하며 숯을 한 묶음씩 사 갔습니다. 숯장수의 숯은 금방 다 팔렸습니다.

젊은이가 생각했습니다.

"맞아, 팔기 힘드는 이 보배로 숯을 구우면 되겠군."

그는 도끼로 화석을 쪼개어 숯을 구웠습니다.

"숯 사시오! 헐한 숯이오!"

화석으로 구운 숯은 금방 다 팔렸습니다.

그러나 그 돈은 반 수레의 숯 값밖에 되지 않았습니다.

"아니? 이것으로는 밭 한 뙈기도 사지 못하겠군."

부자가 돼 보려 했던 젊은이의 생각은 물거품이 되고 말았습니다.

(백유경 22번째 이야기)

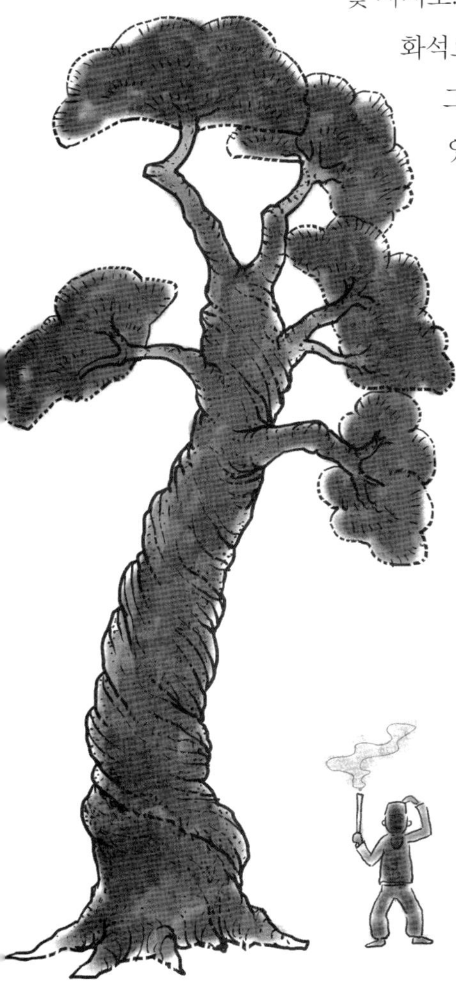

낙타 가죽을 비단으로 덮는다

한 상인이 하인을 몇 사람 데리고 낙타에 비단을 싣고 팔러 다녔습니다. 도중에 그만 낙타 한 마리가 죽고 말았습니다.

"손해가 막심하구나. 가죽이라도 벗겨서 갖고 가자."

상인이 하인들에게 낙타 가죽을 벗기게 했습니다. 벗긴 가죽을 비에 젖지 않게 하여 잘 말리라고 일렀습니다.

하인들은 비가 올 때마다 낙타 가죽을 비단으로 덮었습니다. 비단은 낙타 가죽보다 비싼 것이었습니다.

얼마 뒤, 낙타 가죽은 잘 말랐지만 비단이 썩고 말았습니다.

"어느 게 더 비싼 지도 모르고! 비싼 비단을 썩혀 낙타 가죽을 얻은들 무슨 이득이 있느냐?"

상인은 하인들을 나무랐습니다.

(택유경 42번째 이야기)

자린고비 약 먹이기

줄이고 아끼기로 이름난 자린고비가 병이 들었습니다. 자린고비 아들이 용하다는 약방으로 달려갔습니다.

"우리 아버지가 많이 편찮으세요. 곧 돌아가실 것 같아요. 살려 주세요."

"어떻게 편찮으신가 이야기하세요."

약방 의사가 물었습니다.

자린고비 아들이 증상을 자세히 이야기했습니다.

"그 병에는 꿩고기를 잡수시면 당장 나아요. 걱정 마세요."

의사의 말을 들은 자린고비 아들은 시장에 가서 꿩고기 파는 가게에 들렀습니다.

아끼고 줄이기로 자린고비 이상 간다는 그 아들은 남이 버리는 꿩의 발톱 열 개를 주워 가지고 집으로 갔습니다.

"아버님, 의사가 걱정 마시라 했어요. 꿩고기만 잡수시면 당장 나으신대요."

자린고비 아들은 주워 온 꿩 발톱을 아버지께 보였습니다.

"얘야, 이걸 한꺼번에 먹기에 너무 많다. 약이 지나치겠구나. 그걸 열흘치로 나누어서 고아다오."

열흘 동안 그것을 나누어 먹고 한 달을 지나도 자린고비의 병은 낫지 않았습니다.

자린고비 아들은 다시 약방으로 달려갔습니다.

"여보, 의사! 꿩고기를 잡수셨는데도 아버지는 낫지 않소. 당신은 돌팔이 아니오?"

의사가 자린고비 아들에게 차근차근 물었습니다.

"꿩고기를 얼마나 드렸지요?"

"꿩의 발톱 열 개를 열흘에 나누어 드셨으니 열 마리를 잡수신 셈이오."

의사는 웃음이 나오는 걸 억지로 참고 말했습니다.

"어르신이 여태 돌아가시지 않은 것을 보면 열 마리의 발톱도 효험이 있었던 거군요. 지금 가서 꿩 열 마리를 몸뚱이째 고아서 더 드려 보세요." (백유경 62번째 이야기)

야크 도둑

도둑이 남의 야크를 훔쳐다 잡아먹은 뒤, 관가에 잡혀왔습니다.

'무조건 잡아떼면 풀려날 수 있다. 그런 일이 없다고만 하자. 그러지 않으면 감옥에 가야 한다.'

도둑은 이런 생각을 하며 재판관 앞에 섰습니다.

"너는 남의 야크를 훔쳐가서 잡아먹었다는데?"

재판관이 물었습니다.

"그런 일이 없습니다."

도둑이 잡아떼었습니다.

이번에 재판관은 이렇게 물었습니다.

"너는 이 마을에 사느냐?"

도둑은 이 말도 잡아떼어야 한다 하고 대답했습니다.

"사는 마을도 없습니다."

"사는 마을이 없어? 이 마을 동쪽에서 야크를 훔쳤다는데?"

"동쪽도 없습니다."

"야크를 훔친 시간이 한낮이었다는데?"

"한낮도 없습니다."

"저수지 둑에서 야크를 잡아, 다른 도둑들과 나누어 가졌다는데?"

"저수지도 없습니다."

"그 저수지 둑에 큰 나무가 서 있었다는데?"

"나무도 없습니다."

그때, 재판관은 소리를 높였습니다.

"사는 마을이 없고, 못이 없고, 나무가 없을 수는 있다. 그 대답은 맞다고 치자. 그런데 동쪽이 없고 한낮이 없다는 것도 정말인가?"

그제야 도둑은 자기 말에 모순이 있었다는 걸 깨닫고 머뭇거렸습니다.

"어서 대답하라!"

"예, 사실을 말하는 요령이 없어서 그랬었습니다."

"요령이라니? 법정에서 무슨 요령이 필요한가? 본 대로 있었던 대로 증언하는 곳이 법정이다. 요령을 가지고 증언을 하겠다는 것은 거짓을 하자는 것이 아니었던가? 왜 그렇게 해야 했던가?"

우물쭈물거리던 도둑은 한참만에 기어들어가는 소리를 내었습니다.

"사실은 제가 야크를 훔쳤기 때문입니다."

도둑은 제 입으로 자기가 도둑임을 증언하고 말았습니다.

(벅유경 46번째 이야기)

문짝은 지켰으나

친척집에 잔치가 있어서 장자의 온 가족이 집을 비우게 되었습니다. 장자는 문지기를 불러 부탁했습니다.

"오늘은 네 혼자 집에 남아서 대문을 지켜라. 당나귀를 잃어버리면 큰일이다. 고삐를 잘 잡고 있거라. 잔치가 끝나면 곧 돌아오마."

"예, 어르신. 시키는 대로 하겠습니다."

문지기는 크게 대답했습니다.

"그래, 대문을 잘 지키도록 해라."

장자의 식구는 문지기를 믿고 길을 떠났습니다.

장자가 떠난 뒤, 곧 이웃집에서 나팔소리가 들려왔습니다. 꽹과리 소리, 북소리도 들려왔습니다.

"야, 광대가 왔다. 모두 구경가자!"

마을 사람들이 떠들며 모여들고 있었습니다.

"따분하다. 남들은 구경가는데 나는 혼자 대문을 지켜야 하는군."

문지기는 구경이 하고 싶어 견딜 수 없었습니다. 그러던 문지기는 좋은 꾀 한 가지를 생각해 내었습니다.

'주인 어른은 대문과 당나귀를 지키라 하셨다. 그것만 지키면 되지 않는가. 그렇고 말고.'

문지기는 문짝을 떼어서 당나귀에게 실었습니다. 고삐를 단단히 잡고 이웃집으로 가서 실컷 광대 구경을 했습니다. 너무 재미가 있어서 해가 기우는 것도 모르고 있었습니다. 장자가 돌아왔습니다.

"아니, 문지기는 어디 가고 문짝이 없어졌지?"

집안으로 뛰어들어가 보니 도둑이 값진 것을 다 훔쳐가고 없었습니다.

그때, 문지기가 당나귀를 몰고 돌아오고 있었습니다.

"왜 대문을 지키지 않았느냐? 도둑이 들었다!"

장자는 화를 내었습니다. 그러나 문지기는 싱글벙글하며 말했습니다.

"주인 어르신. 대문을 이보다 더 잘지킬 수는 없어요. 대문 문짝을 떼어 싣고 다니면서 지켰으니까요. 당나귀도 잘 지켰습니다. 그리고 광대구경이 아주 재미나던데요."

장자는 더욱 화를 내며 말했습니다.

"대문을 지키라는 뜻은 문짝을 지키라는 게 아니었어. 재물을 잃고 문짝만 지켜서 뭘 하겠느냐?"

(백유경 45번째 이야기)

3

부러워하는 것만으로는 안돼

죽은 쥐 한 마리로

부자가 친구의 아들을 도와 주었습니다. 한꺼번에 천 냥씩 다섯 번을 도와 주었으나 친구의 아들은 그것을 낭비하고 말았습니다. 부자는 친구의 아들에게 다시 천 냥의 돈을 주면서 말했습니다.

"저 죽은 쥐 한 마리를 가지고도 돈을 벌 수가 있다. 천 냥을 가지고 실패만 하다니."

슬기가 있는 거지 소년이 그 말을 엿듣고 부자가 가리키던 쥐 한 마리를 집어들었습니다.

"묘한 가르침이다."

거지 소년은 죽은 쥐에 양념을 얻어다 발랐습니다. 그것을 구워서 고양이에게 주고, 고양이 주인으로부터 엽전 한 푼을 얻었습니다.

이것으로 채소 한 단을 사서 팔아 그것으로 이득이 더 많은 채소를 샀습니다. 이리하여 백 냥의 돈이 되자 그 돈으로 더 큰 장사를 벌였습니다. 부지런히 장사를 한 끝에 크게 신용을 얻어 거상이 되고 이웃 나라와 무역을 할 수 있게 되었습니다.

'그 죽은 쥐 한 마리를 가지고?'

생각해 보면 재미있고 묘한 일이었습니다.

'어쨌던 그때, 그 부자가 한 말씀 한마디가 나를 구한 것이다. 그 은혜를 갚자.'

이렇게 생각한 거지 소년은 은으로 책상 하나를 만들었습니다. 금으로 쥐 한 마리를 만들고 쥐의 배 안에 여러 가지 보물을 넣었습니다.

은 책상과 금 쥐와 좋은 음식을 들고 부자를 찾아갔습니다.

"저는 죽은 쥐 한 마리로 거상이 되었습니다. 장자의 가르침에 힘을 얻은 것입니다."

거지 소년은 부자에게 절을 하면서 찾아온 사연을 말했습니다.

"장하다. 장부여! 가히 교훈이 될 만하도다."

부자는 거지 소년을 크게 칭찬하였습니다. 그리고 딸과 결혼을 시켜 후계자가 되게 하였습니다.

부자의 재산까지 물려받은 거지 소년은 베품을 행하면서 살았습니다.

(육도집경 보시도무극장)

미치광이 노릇을 한 임금

어느 나라에 사람을 미치게 하는 비가 내렸습니다. 그 빗물이 섞인 강물이나 우물물을 마시면 이렛동안 미쳤다가 본정신이 돌아옵니다. 이리하여 신하들이 죄다 미치고, 임금 혼자만 본정신이었습니다.

신하들은 옷을 발가벗은 채 진흙을 머리에 바르고 춤을 추었습니다.

왕은 미치지 않았으므로 예복을 차려 입고 옥좌에 앉아 있었습니다. 그러자 미친 신하들은 도리어 왕을 보고 미치광이라 생각하고 모여 대책을 의논했습니다.

"우리 임금님이 미쳤으니, 이건 작은 일이 아니다. 이를 고쳐야 한다!"

이를 보다 못한 왕은 한 꾀를 내어 신하들에게 말했습니다.

“나에게는 미친 병을 고치는 좋은 약이 있다. 잠깐만 기다려라. 약을 먹고 나올테니.”

이렇게 말하고 왕은 내실로 들어갔습니다. 옷을 벗고 얼굴에 진흙을 바르고 나와 같이 춤을 추니 신하들은 기뻐하며 말했습니다.

“이제야 임금님의 본정신이 돌아왔다.”

(잡비유경 317번째 이야기)

나쁜 사냥꾼

마음씨 나쁜 사냥꾼이 있었습니다.

사냥을 나설 때는 스님의 법복을 차려 입고 그 안에 활을 감추었습니다. 숲속의 동물들은 법복을 입은 사냥꾼을 보고 말했습니다.

"저분은 스님이다. 우리를 해치지 않을거야."

그런데 길리조라는 새는 슬기로웠습니다. 이 새는 사냥꾼의 속임수를 알고 있었습니다.

"저 사람은 스님이 아니다. 짹짹! 저 사람은 사냥꾼이다. 법복 안에 무기를 감추고 있다. 우리를 속이고 있다. 짹짹!"

길리조는 사냥꾼을 앞질러 골짜기 숲으로 날아다니며 외쳤습니다.

길리조의 말을 듣고 동물들은 목숨을 구했습니다.

"네가 뭘 안다고 그러냐." 하며 말을 듣지 않은 동물은 생명을 잃었습니다.

(잡보장경 36번째 이야기)

유 언 장
내가 여기서 죽으면
첫째 부인은 무시하고
둘째 부인과 딸에게
아파트와 전 재산을
몰아주시기 바람
2020.11.11 석공
주소: 강남구 비싼 주공 APT
맨꼭대기 로열층

슬기로운 석공

이름난 석공이 세계에서 제일 멋있고 높은 돌기둥을 만들어 세웠습니다. 그러자 그 나라에서는 사람을 시켜 이 석공이 기둥 위에 올라간 사이에 내려가는 줄과 사다리와 고패도 치워 버렸습니다. 석공을 살려 두면 다른 나라에 가서 더 높고 멋진 돌기둥을 만들지도 모르므로, 석공을 죽이려 한 짓이었습니다. 석공은 기가 막혔습니다. 그러나 어떻게 해서라도 땅으로 내려가 살아야 합니다. 밤중에 가족들이 돌기둥 아래에 와서 기다리고 있었습니다.

석공은 옷을 찢어서 실낱같은 줄을 만들어 기둥 아래쪽으로 드리웠습니다.

그러자, 가족들이 굵은 실 끝을 매어 주었습니다. 석공은 그 실을 끌어 올려 다시 땅에 드리웠습니다. 그러자 가족이 가는 줄을 매어 주었습니다. 이리하여 밧줄을 돌기둥 꼭대기에 매고 그것을 타고 기둥에서 내려왔습니다.

(대장엄론경 83번째 이야기)

두 길동무

지혜로운 사람과 고집쟁이 한 사람이 길을 같이 가다가 삼단을 한 짐씩 얻었습니다. 조금 가다가 삼실이 있었습니다.

"이것이 더 값진 것이로군. 이것을 바꾸어서 지고 가세."

지혜로운 사람은 지고 가던 삼단을 버리고 삼실을 한 짐 졌습니다. 그리고 고집쟁이에게도 삼단을 버리고 삼실을 취하라고 일렀습니다.

"나는 이것을 버릴 수 없네. 여태 지고 오던 걸 어떻게 버리나?"

고집쟁이는 그렇게 말하고는 그대로 지고 갔습니다. 조금 가다니까 흰 솜이 있었습니다. 지혜로운 사람은 삼실을 버리고 흰 솜을 한 짐 짊

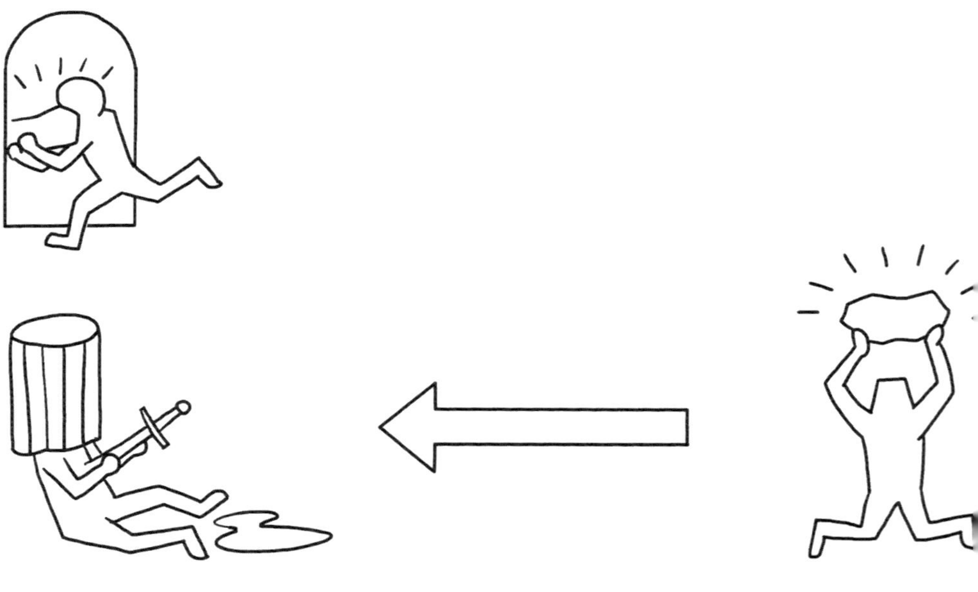

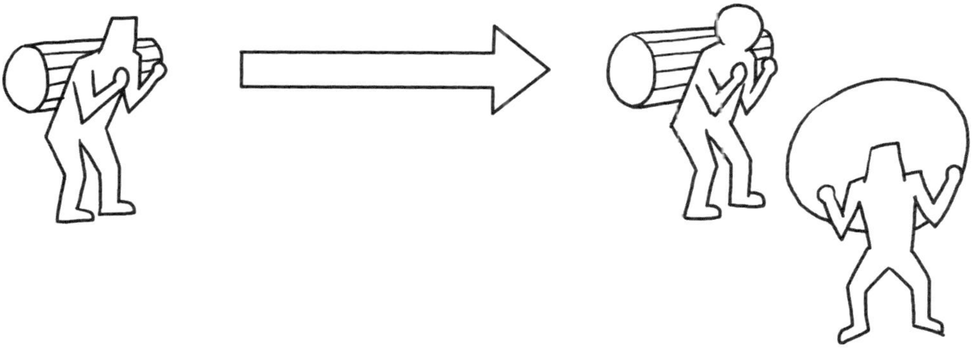

어졌습니다.

"나는 이것을 버릴 수 없네. 여태 지고 오던 걸."

고집쟁이는 그러면서 여전히 버리지 않았습니다.

조금 가다 보니까 무명실을 만나고, 다음에는 무명 베가 있었습니다.

지혜로운 사람은 그 때마다 더 값진 것을 바꾸어 무명 베 한 짐을 갖게 되었습니다. 고집쟁이는 아직도 삼단을 지고 가고 있었습니다. 조금 가다 보니까 은이 있었습니다. 다음에는 백동이 있었습니다. 또, 그 다음에는 황금이 있었습니다. 지혜로운 사람은 그 때마다 값진 것을 바꾸었으므로 황금을 한 짐 지고 집으로 돌아가게 되었습니다. 고집쟁이가 집으로 지고 간 것은 겨우 삼단 한 짐이었습니다.

(폐숙경)

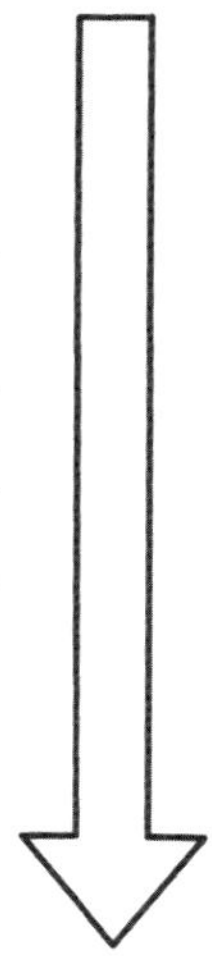

아란 존자의 생각

부처님은 부처님을 가까이 모시면서 시중드는 사람이 필요했습니다. 그러자 큰 제자들이 자진해서 시자가 되겠다고 부처님에게 말씀을 올렸습니다. 그러나 부처님은 허락하지 않았습니다. 마지막으로 아란 존자가 여쭈었습니다.

"만일 부처님이 입으시던 헌옷을 저에게 입도록 하지 않으시고, 부처님이 남기신 공양을 저에게 먹도록 하지 않으시고, 사람들이 찾아와 부처님을 뵈올려고 할 때 시간을 저희 뜻대로 정하게 해주신다면, 제가 부처님을 가까이서 모시겠습니다."

이 말을 듣고 많은 제자들은 마음속으로 아란존자를 비웃었습니다.

'부처님이 입으시던 헌옷을 받아 입지 않고, 부처님이 남기신 밥을 먹지 않고, 사람들이 부처님을 뵙는 시간을 마음대로 한다면 그것은 무슨 시자라 할 수 있는가. 제 싫은 것은 다 피하고 제 마음대로 하겠다는 것이지.'

부처님은 제자들 마음을 아시고 먼저 아란 존자를 칭찬한 뒤 이런 말씀을 하시고 시자로 삼았습니다.

내가 입던 헌옷을 입지 않겠다는 생각은, 여래에게 보시하는 옷이 대개 값진 옷이므로 이를 피하겠다는 것이다. 남긴 음식을 먹지 않겠다는 말은, 여래에게 공양하는 음식이 대개 맛난 것이드로 이를 피하자는 것이다. 그리고, 시간을 마음대로 하겠다는 것은 찾아오는 대상을 보아서 시간을 정함으로써 번거로움을 피하겠다는 것이다.

(현우경 35번째 이야기)

산양의 슬기

히말라야산 중턱에 동굴이 있었습니다.

이 동굴에 수백 마리 산양이 살고 있었습니다.

승냥이 푸리만사와 그의 아내 베니가 산양을 속여서 모두 잡아먹었습니다. 이제 암산양 메리마타만 남아 있었습니다. 승냥이 내외는 그것도 잡아먹기 위해 의논하였습니다.

"저 암산양은 너무도 슬기로워서 꾀를 쓰지 않으면 잡아먹을 수 없단 말야. 내가 죽은 척하고 누워 있을테니 당신이 수단을 부려 보라구."

수승냥이 푸리만사의 말을 듣고 암승냥이 베니가 암산양을 찾아갔습니다.

"벗이여, 우리 남편이 죽었어요. 이제 의지할 데가 없습니다. 당신 밖에는 아는 이가 없어요. 나와 함께 가서 시체 뒷처리를 좀 해 주세요."

암승냥이의 말에 암산양 메리마타는 말했습니다.

"당신 남편 때문에 우리 동족이 다 죽었소."

"벗이여, 걱정할 것 없어요. 죽은 것이 무슨 일을 하겠습니까, 가서 시체나 치워 주세요."

암승냥이의 간청에 마음이 약해진 메리마타는 승냥이 굴로 갔습니다. 과연 수승냥이 푸티만사는 누워 있었습니다. 그러다가 발자국 소리를 듣고는 죽은 승냥이가 고개를 들고 사방을 살피는 것을 보았습니다. 메리마타는 얼른 뒤돌아서 왔습니다.

얼마 뒤 암승냥이 베니가 다시 와서 거짓으로 꾀었습니다.

"벗이여, 먼저 번은 당신이 와 주셨기에 참으로 다행이었어요. 당신이 오셨을 때 마침 내 남편이 정신이 돌아왔거든요. 내 남편은 덕택에 다시 살아나 아주 건강해졌습니다. 오셔서 우리 친구가 돼 주세요.”

암산양 메리마타가 그 말에 넘어갈 리 만무했습니다.

“고마워요. 가서 초대 잔치를 준비하셔요. 내 시종들과 같이 가겠어요.”

메리마타의 말을 듣고 암승냥이 베니가 굴었습니다.

“그 시종들은 누구누구여요? 몇 명이나 되지요?”

“회색과 다갈색 사냥개와, 야마천의 개 등 세상에서 사나운 동물은 모두 내 시종들이어요. 합쳐서 2천은 되지요.”

암승냥이는 ‘큰일났구나’ 생각하고 말을 얼버무렸습니다.

“이제 생각해보니 오시는 걸 그만두셔야겠군요. 당신과 당신의 시종이 모두 집을 떠나면 도둑이 들지도 모르니까요. 우리도 초대하는 걸 그만두겠어요.”

(본생경 437번째 이야기)

티라노사우루스
+ 푸들 = 개용

나무를 살리기 위해 구멍을 뚫는다

"나는 뭇카카나무의 여신과 친하다."

하고 길상초의 신이 말했습니다. 길상초의 신은 길상초의 넝쿨을 의지해서 살아가고 있었습니다.

"나는 길상초의 신과 아주 친하지."

뭇카카나무의 여신이 말했습니다. 뭇카카나무의 여신은 뭇카카나무를 의지해서 살고 있었습니다.

길상초도 뭇카카나무도 왕의 궁전 안에 심겨져 있었습니다. 이 중에서 뭇카카나무는 나무의 왕이라 할 만큼 나이가 많고 키가 컸습니다.

어느 날, 왕이 외기둥 궁전에 나와 보았습니다. 오래된 것이어서 기둥이 흔들리고 있었습니다. 왕은 생각했습니다.

'외기둥 궁전에서 기둥이 흔들리는 것은 매우 위험하다. 기둥을 갈아야겠군.'

왕은 신하와 목수들을 불러, 기둥을 갈도록 분부했습니다.

신하들이 왕에게 여쭈었습니다.

"대왕님, 이 대궐의 기둥으로는 저 대궐 뜰에 있는 뭇카카나무가 알맞습니다. 그러나 그 나무는 나무의 왕이므로 벨 수 없습니다."

"그러나 할 수 없다. 그 나무라도 베어서 대궐의 기둥을 튼튼하게 하라."

왕의 분부가 내렸으므로 신하와 목수들은 제물을 가지고 가서 뭇카카나무 밑에 차렸고, 제사를 지내며 고했습니다.

"내일 나무를 베겠습니다."

그러고 돌아갔습니다.

뭇카카나무의 여신은 이 말을 듣고 어쩔 바를 몰라했습니다.

"내일이면 우리 집이 없어진다. 나는 아이들을 데리고 어디로 가면 좋단 말인가?"

여신은 의지할 집이 없어지게 되었으므르 아이들의 목을 안고 울었습니다. 친구되는 나무의 신들이 모두 모였으나 뭇카카나무를 베지 못하게 할 방법이 없었습니다. 여신을 안고 같이 울기만 하였습니다.

그러나 길상초의 신은 그러지 않았습니다. 뭇카카나무의 여신으로부터 이야기를 듣고, 한 마리 카멜레온으로 몸을 바꾸며 말했습니다.

"걱정 마시오. 이 일을 보고만 있을 수 없소. 내가 하는 것을 보아 주시오. 살기 위해서는 죽는 방법을 택해야 돼요."

그러고 뭇카카나무의 밑둥에 여러 개의 구멍을 뚫었습니다.

이튿날 아침 목수들이 나무를 베려고 연장을 들고 모여 들었습니다. 신하와 목수들은 나무를 보더니 이렇게 말하고 되돌아가고 말았습니다.

"이렇게 구멍이 있는 나무라면 기둥 감으로는 틀렸네. 어제는 그것을 보지 못하고 쓸데없이 제물만 버렸군."

(본생경 121번째 이야기)

부러워하는 것만으론 안돼

부잣집 담 밖에 가난뱅이가 살았습니다.

“우리는 언제쯤 저처럼 부자가 되나?”

가난뱅이집 아이가 부잣집을 부러워하며 바라보고 있었습니다.

점심때에 가서 아이는 또, 바라보며 말했습니다.

“우리는 언제쯤 저처럼 부자가 되나?”

저녁때에 가서 또 한번 부잣집을 바라보고 한숨을 쉬었습니다.

아무리 생각해도 그처럼 부자가 될 것 같지 않았습니다.

“우리 집의 보잘것없는 이 재산을 물속에 던져 버릴까보다.”

혼잣말을 하고 있었습니다.

그때, 스님 한 분이 지나가면서 일러 주었습니다.

“남을 부러워한다 해서 이루어지지 않네. 노력을 하게. 충분한 시간이 있네. 저 부자보다 더 큰 부자도 될 수 있지.”

“그래요? 정말 이루어질까요?”

그날부터 아이는 일을 하기 시작했습니다.

(백유경 91번째 이야기)

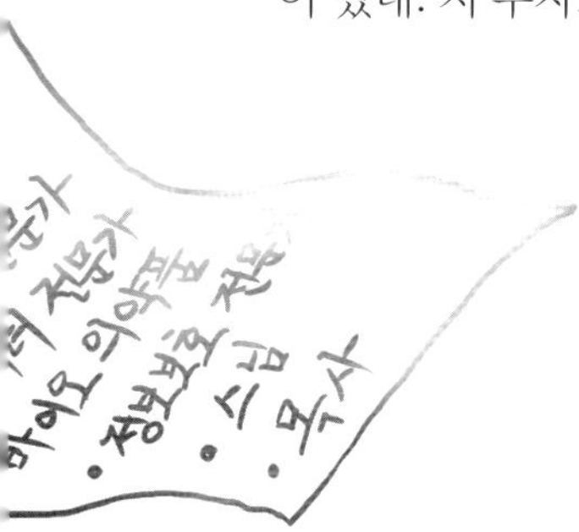

누구나 다 알지만 잘 안읽은 이야기

팔만대장경 5

펴낸 곳 | 도서출판 솔바람
펴낸이 | 이동출
기획한이 | 형난옥
엮은이 | 신현득
그림그린이 | 송교성
편집 | 김용란
디자인 | 김용아
초판 1쇄 인쇄 | 2021년 5월 15일
초판 1쇄 발행 | 2021년 5월 19일
등록일 | 제5-191호 1989.07.04
주소 | 서울시 종로구 삼봉로 81 두산위브 파빌리온 1231호
전화 | 02- 720- 0824 팩스 | 02- 391- 1598

ISBN 978-89-85760-98-0
ISBN 978-89-85760-90-4 74220 (세트)